LE

JARDIN D'ESSAI DU HAMMA

à Mustapha près d'Alger

PAR

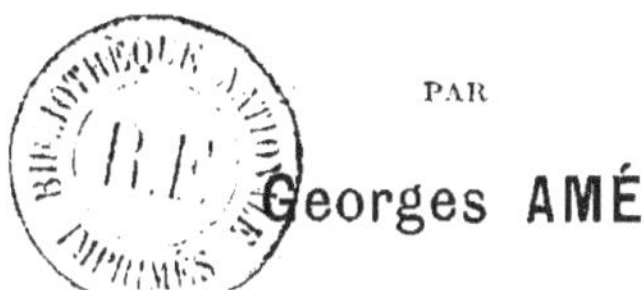

Georges AMÉ

Officier d'Académie, membre des Sociétés botanique et mycologique de France,

de l'Association française pour l'avancement des Sciences,

et de la Société d'Horticulture de la Gironde.

Prix : 2 Francs.

PARIS	BORDEAUX
Librairie Agricole de la Maison rustique	LIBRAIRIE FÉRET & FILS
Rue Jacob, 26	15, cours de l'Intendance.

1889

LE
JARDIN D'ESSAI DU HAMMA

à Mustapha près d'Alger

PAR

Georges AMÉ

Officier d'Académie, membre des Sociétés botanique et mycologique de France,

de l'Association française pour l'avancement des Sciences,

et de la Société d'Horticulture de la Gironde.

Prix : 2 Francs.

PARIS	BORDEAUX
Librairie Agricole de la Maison rustique	LIBRAIRIE FÉRET & FILS
Rue Jacob, 26	15, cours de l'Intendance.

1889

JARDIN D'ESSAI DU HAMMA

ENTRÉE DE LA GRANDE ALLÉE CENTRALE DES PALMIERS-DATTIERS.

A gauche : *Les Araucaria excelsa.*

LE

Jardin d'Essai du Hamma

A MUSTAPHA PRÈS D'ALGER

PAR

Georges AMÉ

Officier d'Académie, membre des Sociétés botanique et mycologique de France,
de l'Association française pour l'avancement des Sciences
et de la Société d'Horticulture de la Gironde.

Venu en Algérie au printemps de 1888, à l'occasion du Congrès de l'Association française pour l'avancement des sciences à Oran, j'ai pu réaliser le projet que j'avais depuis longtemps formé de visiter le Jardin d'Essai, si renommé, du Hamma. Je n'étonnerai aucun de ceux qui ont vu déjà ce magnifique établissement horticole en disant que j'ai éprouvé de très vives jouissances dans les longues heures que j'ai passées à me familiariser avec cette collection unique de végétaux, qui excitent l'admiration par leur beauté, leur rareté ou leur belle venue. C'est afin de satisfaire au vœu que m'avait exprimé, lors de mon départ pour le littoral algérien, mon ami, M. Daurel, Président de la Société d'Horticulture de la Gironde, que j'ai cru devoir réunir les notes que l'on va lire et dont je suis redevable, en grande partie, à l'obligeance de l'éminent Directeur du Jardin d'Essai, M. Charles Rivière. Je serais heureux et mon but serait atteint si je pouvais suggérer ainsi à quelques personnes qui ne sont point encore venues dans notre belle colonie, le désir de connaître une des curiosités les plus attractives de la province d'Alger.

L'allée des gigantesques Bambous, au Jardin des Pamplemousses de l'île Maurice; la magnifique avenue d'*Areca* et d'*Oreodoxa,* au Jardin botanique de Rio-Janeiro; les beaux chemins couverts du Jardin botanique de Buitenzorg, à Java, sont peut-être les seules merveilles végétales dignes d'être comparées à celles qui attendent le visiteur au Jardin d'Essai.

Quand on pénètre dans la grande allée centrale du Hamma, on ne peut se défendre d'un véritable saisissement d'admiration en se trouvant subitement entouré de tant de végétaux des flores exotiques, rivalisant tous de magnificence. Quelques Palmiers disparaissent presque sous les débordantes frondaisons des lianes qui les enveloppent et dont un soleil éblouissant met en pleine lumière les fleurs innombrables. Les Lataniers dressent de tous côtés leurs éventails superbes, pendant que, plus haut, dominant les autres arbres, les Dattiers, par une douce brise, font onduler leurs palmes avec une majestueuse lenteur. A l'extrémité de cette splendide avenue, on se trouve en présence de la mer, avec le magnifique tableau de la ville et de la rade d'Alger sur la gauche, et l'on aperçoit, dans le lointain, les cimes neigeuses du Djurjura se dessinant dans l'azur.

Le Jardin d'Essai du Hamma a été créé en 1832 sous le nom de Pépinière du Gouvernement, sous la direction de M. le commandant Bérard. Le second directeur fut M. Barnier, ancien officier de marine, mais pour une courte période. Il s'est agrandi ensuite en prenant sous une autre direction le nom de Jardin d'acclimatation.

Aux pépinières sont venues s'ajouter les cultures de plantes exotiques, et les collections ont commencé à se former sous la direction de M. Hardy, vers 1850. Les premières plantes horticoles dont l'introduction a été ainsi opérée dans l'établissement ont été envoyées de Paris : par le Muséum, le Jardin botanique de la Faculté de Médecine et le Jardin du Luxembourg; de Bordeaux : par le Jardin botanique de cette ville, dirigé alors par M. Durieu de Maisonneuve, etc., A cette époque, le Gouvernement décide que l'on vendra, en outre des plantes de pépinières, des plantes d'un intérêt horticole aux horticulteurs français et étrangers.

Le Maréchal Bugeaud utilisa le Jardin d'Essai comme pépinière centrale pouvant offrir des types d'établissements analogues destinés à se multiplier sur tous les points du sol algérien en ce qui avait trait à l'arboriculture, à la culture maraîchère, etc. C'est ainsi qu'ont été créées une quinzaine de ces installations, parmi lesquelles on peut citer comme les plus remarquables celles de Guelma, de Tlemcen (1), d'Aumale, de Philippeville et, jusqu'en plein désert, de Biskra. L'idée excellemment pratique du Maréchal Bugeaud n'a pas été infructueuse, mais, au point de vue des pépi-

---

(1) Tlemcen est un des points de l'Algérie où ces efforts ont laissé le plus de traces. Tous ceux qui effectuent le trajet d'Oran à Tlemcen éprouvent, après avoir cheminé longtemps dans un pays aride, une agréable surprise en apercevant, autour de l'antique cité arabe, de riches vergers contenant tous les arbres fruitiers de nos climats tempérés. Il est vrai de dire que des eaux abondantes contribuent puissamment à la fertilité de ce petit Éden.

nières, les résultats n'ont pas été durables par diverses causes qu'il serait trop long d'exposer ici.

En 1866, le Jardin d'Essai eut à traverser une période critique. Par suite du mode de gestion, les dépenses atteignaient des chiffres beaucoup trop élevés par rapport aux résultats obtenus. En présence de cette situation, le Gouvernement dut s'émouvoir et aviser sur le parti à prendre. Dans la même année, M. Talabot, directeur de la Compagnie des chemins de fer de Paris-Lyon-Méditerranée, vint en Algérie pour étudier officiellement la question de la colonisation. Vivement sollicité par le Maréchal de Mac-Mahon de s'intéresser à la question du Jardin d'Essai, M. Talabot, grand administrateur et botaniste distingué, frappé de tout le parti que l'on pourrait tirer de cette création, rattacha le Jardin d'Essai à la Société générale algérienne. En 1867, un contrat fut passé entre l'État et cette Société et, à la suite d'une convention approuvée en Conseil d'État, un décret fut rendu, confiant, dans des conditions déterminées, l'administration du Jardin d'Essai à cette Société, sous la direction générale de M. Auguste Rivière, avec la collaboration active, sur place, d'un sous-directeur, M. Charles Rivière, son fils, devenu le directeur actuel. C'est à partir de ce moment que le Jardin d'Essai prit un développement considérable et devint le grand établissement horticole connu aujourd'hui dans le monde entier.

Le Jardin d'Essai est situé à Mustapha, à 5 kilomètres d'Alger. Le trajet s'effectue en 35 minutes par des omnibus et tramways qui partent très fréquemment, toutes les dix minutes environ, de la place du Gouvernement. Pour s'y rendre on traverse Mustapha inférieur, en prenant la route d'Aumale, et l'on passe devant le champ de manœuvres. Peu avant d'arriver à destination, on côtoie, à droite, un grand cimetière arabe, devant lequel on remarque, surtout le vendredi, jour consacré aux visites des tombes, le va-et-vient pittoresque des femmes arabes.

Dès qu'on arrive à la grande porte d'entrée du Jardin d'Essai, on aperçoit, à l'opposé, un tertre, planté de gigantesques platanes, à la droite duquel se trouve un ancien café arabe, et, au fond, une fontaine turque. Cet endroit, frais et ombragé, appelé autrefois le *Café des Platanes*, a été reproduit dans un tableau d'Eugène Fromentin et, en outre, très bien décrit par le célèbre peintre-écrivain dans *Une année dans le Sahel*, où il semble penser que ce site pittoresque est digne du pinceau d'un Decamps (1). Depuis cette époque, plus de trente années se sont écoulées : la fontaine turque est toujours là, mais l'ensemble a sensiblement perdu de son caractère primitif.

Il est temps d'entrer au Jardin d'Essai et de se faire une idée générale du plan. Le Jardin se développe sur une étendue de 75 hectares, offrant deux zones bien distinctes, la partie plane, située au niveau de la mer, sur un sol anciennement marécageux (2) et la partie haute ou montagneuse. C'est la partie plane, à laquelle la porte d'entrée donne immédiatement accès, qui nous occupera tout d'abord. Un important souvenir historique s'y rattache. C'est dans ce lieu même, paraît-il, que Charles-Quint, voulant réprimer la piraterie, commença le débarquement de ses troupes le 23 octobre 1541 ;

---

(1) *Une année dans le Sahel*, par Eugène Fromentin, 7e, éd. Paris, E. Plon, 1888, p. 75.

(2) *Hamma*, terme arabe, signifie : lieu de la fièvre.

peu de jours après, le 31, il faisait rembarquer les restes de son armée sur ceux des vaisseaux qui n'avaient pas sombré dans la tempête du 26 et qui furent ralliés par Doria, au cap Matifou.

Le Jardin d'Essai est coupé, dans cette partie, par trois grandes allées longitudinales et par deux allées transversales, qui sont toutes de véritables merveilles : l'Allée des Platanes; l'Allée des Palmiers, dont nous avons déjà parlé, plantée de *Dracœna Draco* et *Canariensis*, sortes de colosses aux membres énormes (1), de *Latania borbonica* et de *Phœnix dactylifera*, alternés; l'allée, si étrange, des *Ficus Roxburghii*, où l'on se croit transporté dans l'Inde (2); l'allée transversale des Bambous, l'allée des *Chamœrops excelsa*, (3) reliés entre eux par de magnifiques rosiers grimpants, qui s'enlacent autour de ces palmiers et montent en élégantes spirales jusqu'à leur sommet, où les deux plantes, si différentes, mélangent feuillages et fleurs; enfin, devant les bâtiments de la Direction, s'étend parallèlement une magnifique rangée de *Latania borbonica* (4), au pied desquels s'étale une opulente bordure de *Pelargonium* des nuances les plus variées et les plus éclatantes.

Un boulevard, où les cavaliers et les voitures

---

(1) Le Dragonnier de Ténériffe, si fréquemment cité, détruit par un ouragan en 1867, montrait le développement extrême que peuvent atteindre ces végétaux énormes : dix hommes, se tenant par la main, ne parvenaient pas sans peine à enserrer le tronc de cette curieuse plante, une des plus âgées du globe.

(2) Les grandes allées longitudinales : des Platanes, plantée vers 1844, et des *Ficus*, plantée vers 1863, ont chacune une longueur de 410 mètres. L'allée des Palmiers-Dattiers plantée en 1847 a, en y comprenant l'oasis qui la termine, sur le bord de la mer, une longueur de 600 mètres.

(3) Longueur de l'allée des Bambous : 346 mètres; de l'allée des *Chamœrops excelsa*, ou Palmier Chanvre de la Chine : 534 mètres.

(4) Les stipes de *Latania borbonica* ont plus de 10 mètres de haut et portent des régimes ou grappes énormes dont le poids ne doit pas être inférieur à 50 kilog.

PORTION DU GRAND MASSIF DES PALMIERS

peuvent circuler, forme intérieurement une grande ceinture autour du Jardin du Hamma.

La partie haute du Jardin d'Essai est consacrée aux végétaux ayant un intérêt forestier et provenant du Cap de Bonne-Espérance, des Canaries et surtout de la Nouvelle-Hollande.

Sous l'influence favorable que les plantes trouvent dans le climat algérien, dans un sol riche et dans un système d'irrigation des mieux agencés, la vigueur et la rapidité de la croissance a quelque chose qui tient du prodige. M. Maurice de Vilmorin, qui parcourait avec nous, le 19 avril, le Jardin d'Essai, qu'il n'avait pas vu depuis quinze ans, ne pouvait revenir de sa surprise en présence d'un si puissant développement. Il se trouvait naturellement amené à constater nombre d'analogies avec la végétation des Antilles, qu'il avait eu l'occasion d'explorer (1).

« Un jardin placé sous un pareil climat, dit M. Duchartre, « est, si l'on peut ainsi parler, une vaste serre découverte dans « laquelle viennent sans difficulté des espèces que cependant leur « origine rend exigeantes en fait de chaleur. Il importe de faire « observer que c'est là un climat tout local; que déjà les condi- « tions deviennent moins avantageuses quand on s'élève sur les « hauteurs au pied desquelles s'étend la plaine littorale, et que « surtout, il faudrait bien se garder de voir là l'expression du « climat général de l'Algérie (2). »

---

(1) M. Maurice de Vilmorin, appartient, on le sait, à une famille où le goût vif et éclairé des belles plantes est depuis longtemps héréditaire. Voulant emporter un souvenir durable de sa visite au Jardin d'Essai, il a photographié lui-même quelques-uns des plus beaux points du Hamma. C'est grâce aux clichés qu'il a bien voulu nous communiquer que nous avons pu enrichir cette notice de quelques belles reproductions, qui seront certainement appréciées par nos lecteurs.

(2) P. Duchartre, *Notice sur le Jardin d'Essai ou du Hamma, près d'Alger*, Journ. de la Soc. Cent. d'Hortic. de France, 1880, 3e série, t. 2, p. 294.

Disons, du reste, pour n'avoir plus à y revenir, que les principales plantes réfractaires au climat du littoral algérien, sans doute trop sec pour elles, sont les suivantes :

Les Bruyères;
Les Orchidées;
Les Fougères;

la plus grande partie des Broméliacées; les genres *Clematis*, *Rhododendron*, *Camellia*, *Azalea*, etc.

Nous allons passer successivement en revue les Familles, Groupes et Genres les mieux représentés au Jardin du Hamma. Nous nous occuperons tout d'abord des plantes du plus grand effet, en commençant par les Palmiers, ces princes du règne végétal, ainsi que Linné se plaisait à les appeler.

Palmiers

Cocoïnées. — La grande allée de *Ficus Roxburghii* est bordée à droite, en descendant, par des groupes importants de palmiers d'espèces très variées. On remarque, en première ligne, le *Jubœa spectabilis*, le *Coquito* du Pérou (Andes, Chili, Pérou), dont plusieurs sujets offrent des dimensions considérables. L'un d'entre eux ne mesure pas moins de 1 mètre 40 de diamètre.

« Le *Jubœa spectabilis* », dit M. Ch. Naudin, qui fait un très grand éloge de ce palmier, mais qui lui préfère le *Phœnix canariensis*, au point de vue ornemental, « est tout aussi rustique « que le vulgaire Palmier-nain du Midi de l'Europe. Il peut se « passer d'eau pendant les longues sécheresses de l'été méridional. « Il serait bien placé dans les parties du nord de l'Afrique où, « faute d'eau, le dattier resterait improductif. Ce palmier est très « saccharifère. Le grand naturaliste Darwin, qui a visité le

« Pérou et le Chili, nous apprend qu'un arbre adulte donne
« jusqu'à 90 gallons (108 litres) de sève sucrée (1). »

Un groupe de cocos brésiliens :

Cocos datil, au tronc blanc et lisse, la plus belle
des espèces et la plus rustique ; *Cocos coronata;
Cocos flexuosa ; Cocos lapidea; Cocos australis,*
dont le fruit acquiert le volume d'un œuf de poule et
dont la pulpe est parfumée. Quant au Cocotier proprement dit, de la zone torride, *Cocos nucifera,* le
climat d'Alger ne permet pas son entier développement. On voit dans le magnifique rond-point des
Ficus Roxburghii, un élégant *Cocos flexuosa* provenant d'une graine envoyée par Juarez, Président de
la République du Mexique. Ce beau palmier a été
planté et élevé jusqu'à un certain âge dans les serres
de la Faculté de Médecine de Paris, puis transporté
à Alger. Le *Cocos datil* étant l'espèce de *Cocos*
la plus rustique, il en a été fait des plantations sur
tout le boulevard qui contourne intérieurement le
Jardin d'Essai.

Groupe des Phœnix. — Les principaux Phœnix
sont :

Le *Phœnix tenuis,* palmier très élégant, dont
les troncs présentent de très grandes dimensions (2).

---

(1) Ch. Naudin, de l'Institut. Bull. de la Soc. nat. d'acclimatation de
France, 4me série, tome III, 1886, 33e année.

(2) On nous a raconté, à l'occasion d'un des plus beaux *Phœnix tenuis*
du Jardin, une anecdote que nous croyons devoir rapporter ici. A la
suite d'une visite que fit M. Thiers au célèbre Jardin de Kew, à Londres,
notre illustre historien national rapporta en France deux tout jeunes
palmiers auxquels il s'attacha extrémement et qu'il entoura de tous ses
soins. Quand survint la Commune, la maison de M. Thiers, on le sait
fut saccagée de fond en comble et les palmiers disparurent avec un
grand nombre d'autres objets. Quand la tourmente fut apaisée, les deux
malheureux palmiers furent retrouvés dans un piteux état au fond d'une

Le *Phœnix tenuis*, le plus beau palmier de pleine terre du midi de l'Europe, est aujourd'hui tout à fait acclimaté en Provence.

Plusieurs *Phœnix* à troncs moins volumineux : *Phœnix leonensis*, *Senegalensis*, *pumila*, *spinosa*, etc., et les très belles espèces connues sous les noms de *Phœnix reclinata* et *cycadœfolia*, remarquables par leur feuillage plus vert et plus serré ;

Le *Phœnix dactylifera*, Dattier cultivé, propre à l'Arabie et au nord de l'Afrique. A Alger et sur le littoral de la Méditerranée, la température n'est pas assez élevée pour que cet arbre mûrisse ses fruits, qui cependant y atteignent tout leur volume. Pour rencontrer des dattes comestibles il faut s'avancer à l'est, au sud de l'Atlas, dans le Sahara de Constantine, jusqu'aux oasis des Zibans, du Souf et de l'Oued-Rirrh. C'est cette dernière, dont les Français ont pris possession en 1854, qui est la plus importante pour l'exploitation des dattiers, au nombre de plus de 500,000. Elle comprend Tuggurt, Temacin, Darlana, etc. Le Dattier donne de bonnes récoltes jusqu'à l'âge de 70 ou 80 ans environ. Un pied peut produire jusqu'à 100 kilogrammes de dattes (1).

Chose bien digne de remarque, pendant que les

---

cave, où ils avaient été précipités. Les précieuses plantes furent alors confiées à la sollicitude de M. A. Rivière, Directeur des serres du Sénat. Sur ces entrefaites, M. Thiers étant mort, un des deux palmiers fut acheminé vers l'Algérie, au Hamma, où, mis en pleine terre, il a pris un accroissement merveilleux et, par ses dimensions énormes, fait l'admiration de tous les visiteurs. Les jardiniers du Hamma appellent familèrement ce *Phœnix tenuis* : *le père Thiers*.

(1) On retire aussi du Dattier la sève sucrée ou lait de Palmier, dont on fait le *laqmi*, vin de palme. Dans ce but, on coupe l'extrémité de l'arbre et l'on fait à cet endroit un creux qui se remplit de liquide. Un autre procédé, moins barbare, consiste à enlever un cercle de feuilles au-dessous du gros bourgeon terminal, qui peut ainsi continuer à végéter.

dattes ne peuvent arriver à point dans le Tell, ces mêmes fruits mûrissent en Espagne dans l'oasis d'Elche, seul point de l'Europe où existe des bois de palmiers (entre le 38e et le 39e degré de latitude);

Le *Phœnix dactylifera*, à fruit blanc, dont la graine fut donnée à M. Rivière par le grand explorateur Livingstone.

Groupe des Sabal. — Les Palmiers qui le composent ont de très larges feuilles, presque dupliciformes;

Sabal Havanensis, à feuilles glauques;

—   *princeps*, dont le dessous des feuilles est à reflets bleuâtres;

—   *longipedunculata*, remarquable par le grand nombre de ses feuilles appliquées les unes contre les autres;

—   *ombraculifera*. Paraît être une plante à grand développement.

—   *Adansonii*.

—   *palmetto*.

L'*Arenga saccharifera* (Archipel Indien) est une plante rare, d'un très bel accroissement. Indépendamment de son intérêt comme plante à sagou ou comme textile, cet arbre est précieux par le sucre, que l'on obtient par des incisions pratiquées sur les spadices. On retire par ce moyen, de chaque individu, plusieurs litres par jour de sève sucrée, pendant de longues périodes, et l'on en fait du vin d'arenga et de l'eau-de-vie d'arrack.

Groupe des Thrinax. — Les *Thrinax* sont des Palmiers très délicats. Cependant, au Hamma, ils sont d'une végétation presque satisfaisante. Quelques-uns même fructifient. Ce sont les :

Thrinax argentea, à feuilles glauques;

Thrinax aurea;
— 	*tunicata;*
— 	*stauracantha.*

Groupe des Chamærops humilis.— Par la sélection et par l'hybridation on a obtenu de l'espèce sauvage des variétés d'un caractère horticole véritablement remarquable et qui se distinguent par un aspect plus gracieux et par la forme plus fine et plus ténue des feuilles qui, dans quelques cas, sont d'un très beau vert et, dans d'autres cas, ont leur face inférieure recouverte d'un duvet blanchâtre. Leur végétation est plus belle que celle du type sauvage, dont elle a conservé toute la rusticité. De là, des formes connues sous les noms de :

Chamærops tomentosa;
— 	*elegans;*
— 	*macrophylla,*

et la plus élégante de toutes, nommée : *Chamærops frondibus magnis.*

Chamærops excelsa, Thunb. (*Trachycarpus excelsa,* Palmier de Chusan ou Palmier Chanvre), du centre et du nord de la Chine. Ce beau palmier qui supporte très bien les hivers de la France, et même du sud de l'Angleterre, n'est pas encore aussi répandu dans notre pays qu'il mériterait de l'être. Il prospérerait particulièrement dans l'Ouest.

Quelques palmiers de l'Asie Méridionale sont représentés par le genre *Caryota,* dont les principales espèces sont les *Caryota excelsa, urens* (1), à fruit à saveur brûlante, et *species,* tous trois d'une

---

(1) Roxburgh dit que les beaux pieds de *Caryota urens* donnent jusqu'à 100 litres de sève sucrée en 24 heures.

(*Flore des Jardins de l'Europe,* ou *Manuel général des Plantes,* tome IV, par Duchartre, etc.)

très belle végétation. Les feuilles des *Caryota* n'ont pas moins de 5 à 6 mètres de longueur sur 3 à 4 mètres de largeur, et, particularité curieuse de préfoliaison, elles se présentent tout d'abord sous forme de très longs bâtons dressés, ou plutôt d'immenses éventails étroitement fermés, qui déroulent peu à peu leur belle verdure découpée en élégants losanges.

Genre Brahea. — *Brahea dulcis,* dédié à l'astronome suédois Tycho-Brahé (Archipel Indien), d'une très belle végétation. Son stipe atteint 8 ou 10 mètres de hauteur dans son pays d'origine. *Corypha gebanga,* très belle espèce, voisine du *Latania borbonica. Corypha australis,* tronc de 5 à 6 mètres de hauteur. On a obtenu une variété de ce palmier due à une hybridation avec le *Latania borbonica.* Cette plante a un aspect remarquable. Elle est connue dans le commerce sous le nom de *Corypha macrophylla.*

Pritchardia. — Les *Pritchardia* sont de magnifiques palmiers qui réussissent on ne peut mieux en Algérie. Nous avons vu dans le domaine Landon, à Philippeville, une avenue composée d'un grand nombre de *Pritchardia filifera* très jeunes (5 ou 6 ans à peine) et offrant déjà un développement et une magnificence de feuillage dont on ne saurait se faire une idée autrement que *de visu.* Ces superbes palmiers, provenant tous du jardin du Hamma, semblent se plaire excellemment sous le climat de Philippeville.

Genre Chamædorea. — Chacune des espèces de ce genre a l'aspect d'une touffe de roseaux, notamment le *Chamædorea elatior.*

Genre Rapis. — L'espèce principale est le *Rapis flabelliformis*, plante à plusieurs stipes, qui forme d'énormes touffes et de très longs rhizomes.

Genre Kentia. — Ce genre nombreux, à forme si élégante, commence à être représenté, au Jardin d'Essai, par des individus encore jeunes qui ont passé plusieurs étés et se sont très bien comportés.

ARÉCINÉES. — Genre Areca. — Différents essais ont été tentés au point de vue de la rusticité sur plusieurs espèces du genre *Areca :*

Areca rubra, montana, Verschaffeltii, etc. Il est maintenant démontré que tous les sujets de ce groupe ne s'accommodent pas du climat du littoral algérien.

Genre Oreodoxa. — *Oreodoxa regia,* Palmier à colonnes, Palmier royal du Brésil, *Palmito* de Cuba. La base de ce palmier, qui doit être rangé parmi les plus beaux, est très renflée et, à l'extrémité supérieure, le feuillage se fait remarquer par un très beau vert. Le tronc est blanchâtre et lisse.

Citons, en terminant l'examen de la grande famille des palmiers, l'*Astrocaryum Ayri*. Ce palmier, demi-rustique, gagne, au Jardin d'Essai, à passer l'hiver en serre.

Bambous

Parmi les Graminées gigantesques, il faut citer le groupe des Bambous, dont la plupart appartiennent à la zone torride, et, en première ligne, le *Bambusa macroculmis* (*B. arundinacea*) (patrie inconnue). Cette magnifique espèce forme au Jardin d'Essai la grande allée si connue de tous et si juste-

Yucca aloefolia, canaliculata, Draconis, etc.

MASSIF DES YUCCAS

ment admirée. Certaines tiges ont, en moyenne, un développement d'une vingtaine de mètres de hauteur et de 10 à 12 centimètres de diamètre. Les sujets ayant 25 mètres de hauteur et 20 centimètres de diamètre ne sont pas rares. Les ligules, énormes, dont beaucoup jonchent le sol, ont 50 centimètres environ de largeur et autant de hauteur; leur face interne est recouverte d'un vernis extrèmement brillant. Elles sont très hygrométriques. Les fleurs faisant défaut chez les Bambous, M. Ch. Rivière se sert des ligules comme moyen d'étude pour la détermination des espèces.

Sur les deux côtés de cette allée, coulent parallèment d'abondants ruisseaux d'une eau vive et limpide qui entretiennent dans les racines de ces végétaux une fraîcheur constante :

> Le pied dans l'eau,
> La tête dans le feu,

d'après un dicton arabe.

Le *Bambusa vulgaris*, espèce de moindres dimensions, est cependant encore d'une taille remarquable.

Le *Bambusa vulgaris vittata* est le plus beau de tous les Bambous. Sa tige, d'un beau jaune d'or, est rayée de lignes vertes.

Mentionnons encore plusieurs espèces traçantes : *Bambusa mitis, aurea, nigra, violascens,* etc.

Quelques espèces de Bambous sont cultivées pour l'industrie des cannes, notamment l'*aurea* et le *nigra*. Les ligules du *Bambusa macroculmis* se vendent sous le nom d'*Ecailles de Bambous* pour écrans, éventails, etc. Une grande partie des Bambous récoltés dans le Jardin est utilisée sur place pour une foule d'usages, notamment pour la construction d'abris légers, claies, etc., servant à l'exploitation.

Les Bambous sont disséminés dans les diverses parties du monde autres que l'Europe, où il n'existe pas une seule espèce à l'état spontané. Certaines particularités fort curieuses, tant au point de vue de la rapidité de leur croissance que de la rareté de leur floraison, méritent d'être signalées et nous croyons devoir reproduire ci-après quelques extraits d'un ouvrage spécial fort intéressant sur les Bambous, de MM. Rivière père et fils (1) :

Croissance. — « De tous les végétaux empruntés aux flores
« diverses, subtropicales ou intertropicales qui croissent au
« Hamma, les Bambous se font remarquer par la rapidité ou, pour
« mieux dire, par la spontanéité de leur végétation.

« De l'examen des différentes expériences faites par MM. Ri-
« vière au Hamma, pendant plusieurs années, sur les mêmes
« espèces de Bambous, par rapport à leur croissance, il résulte
« que la vitesse d'allongement de quelques-uns est telle, qu'elle
« dépasse 50 centimètres en 24 heures (2), suivant d'abord une
« marche progressive pour diminuer ensuite par degrés sensibles,
« de sorte que la plus grande vitesse d'allongement se remarque
« au milieu du chaume ou tige, point où, dans le plus grand
« nombre des cas, les mérithalles sont le plus distants.

« L'action de la croissance semble indépendante des influences
« météorologiques ou, tout au moins, ces dernières sont des
« causes subsidiaires ou indirectes (3). »

---

(1) **Les Bambous,** *végétation, culture, multiplication en Europe, en Algérie et généralement dans tout le bassin méditerranéen, nord de l'Afrique, Maroc, Tunisie, Egypte,* par feu Auguste Rivière, directeur général du Jardin d'Essai du Hamma, jardinier en chef du Luxembourg, professeur d'arboriculture, et M. Charles Rivière, directeur du Jardin d'Essai du Hamma d'Alger. Paris, au siège de la Société d'acclimatation, 19, rue de Lille, 1879 ; 1 vol. grand in-8º, édition de luxe.

C'est le seul ouvrage important connu en France ayant trait à ces végétaux.

(2) Le *Phyllostachys mitis* arrive jusqu'à donner en 24 heures des pousses de 0 m. 57 (*Les Bambous,* page 324).

(3) *Les Bambous,* pages 317, 319, 320, 323.

Floraison. — « C'est un fait accrédité que bon nombre
« d'espèces de Bambous sont avares de leurs fleurs, qu'elles ne
« se montrent qu'à des époques très éloignées, quelquefois à plus
« de trente ans, et qu'en outre, ces floraisons ont lieu simultané-
« ment pour certaines d'entre elles. Sir Sleeman établit, comme
« un fait observé par lui, qu'en 1836, tous les grands Bambous du
« Deyrah-Doon, qui depuis 25 ans donnaient le plus bel aspect à la
« vallée, se mirent à fleurir et à produire des graines, aussi bien
« ceux qui avaient été transplantés pendant la saison précédente
« que ceux qui l'avaient été vingt ans auparavant, et qu'ensuite,
« tous moururent ensemble, tout comme eût pu le faire la plus
« humble des graminées de nos froids climats. Il ajoute que la
« croyance générale dans la vallée est qu'un homme qui a vu
« deux floraisons de Bambous doit avoir environ 60 ans............

« Des faits semblables d'anéantissement de forêts entières de
« Bambous à la suite de leur floraison et de leur fructification
« sont signalés pour le *Melocanna bambusoïdes* (*Bambusa bacci-*
« *fera Roxb.*) (1). »

Yuccas

Le massif des *Yucca* est composé d'une douzaine
d'espèces environ. Toutes fleurissent et quelques-
unes fructifient abondamment, surtout l'*aloefolia*.
Dans ce massif, l'espèce la plus curieuse est le
canaliculata, qui est en pleine terre depuis 22 ans
environ. Il a douze mètres de hauteur ; sa grappe
florale est pendante, au lieu d'être érigée, comme
dans les autres espèces. A une certaine hauteur.
à 7 mètres environ, sa tige s'infléchit d'une façon
fort originale qui le fait beaucoup remarquer
de tous les visiteurs. Ses longues feuilles, raides,
sont bordées de filaments en spirale. Le massif
est entouré d'une imposante rangée de *Yucca*

---

(1) *Les Bambous*, p. 95, 96 et 97.

Draconis, qui n'ont pas moins de 6 mètres d'élévation. Rien de plus beau à contempler que ces Yuccas, qui attirent, en outre, l'attention par le renflement considérable de leurs tiges à la base, où certains ne présentent pas moins de 2 mètres de circonférence. Ces magnifiques végétaux font penser aux gigantesques monocotylédones de la flore antédiluvienne.

A remarquer encore les *Yucca Treculeana*, *filifera*, *quadricolor*, etc.

Musacées

Un des principaux représentants de la famille des Musacées est le *Musa Ensete* (Bruce), le Bananier d'Abyssinie, déjà très répandu dans les serres en France. Cette plante, à grand développement (ses feuilles atteignent 4 mètres de longueur) donne des fruits fertiles. Elle périt après la floraison.

Les espèces de Bananiers comestibles qui mûrissent au Jardin et qui donnent même lieu à des ventes de fruits sont les suivantes :

Musa sapientium (Bananier des sages, Bananier à petits fruits ou Figue-banane).
Musa paradisiaca L. (Bananier du Paradis, Bananier à gros fruits, Figuier d'Adam.)
Musa sinensis (Musa Cavendishii) (Bananier nain de la Chine). Les fruits, beaucoup moins volumineux que ceux du précédent, mais plus allongés que ceux du *Musa sapientium*, ont un goût plus parfumé. Dans les espèces ornementales, qui produisent très rarement des fruits, on distingue : *Musa ornata, discolor, zebrina, troglodytarum* (Molùques). Cette dernière espèce est très grande et

paraît avoir beaucoup d'analogie avec le *Musa textilis*.

Groupe des Strelitzia. — Dans le beau massif des *Strelitzia*, la plus grande espèce du groupe, le *Strelitzia augusta* (du Cap), offre des troncs de 5 à 6 mètres de hauteur, avec de larges feuilles sur des pétioles de 2 mètres 50. Ces plantes superbes, disposées en demi-cintre, forment un fond de feuillage sombre, au milieu duquel émergent de grandes inflorescences blanchâtres en forme de longs becs d'oiseaux. Sur le devant du même massif, se détachent, en plantations à touffes serrées, de 1 mètre à 1 mètre 50 de hauteur, les différentes formes de *Strelitzia Reginæ*, toutes de couleurs éclatantes, à pétales jaunes dorés et à organes sexuels bleus. Le type est le *Strelitzia Reginæ*, mais on a obtenu différentes variétés bien marquées connues sous les noms de *Strelitzia macrophylla, floribunda, glaucescens*. A côté, se trouvent les *Strelitzia patulata* et *juncea*, qui sont peut-être de véritables espèces.

On voit encore dans ce massif des *Strelitzia* les débris d'un *Ravenala Madagascariensis* Poir., l'Arbre du voyageur (ainsi nommé à cause du réservoir d'eau fraîche et limpide accumulé au bas de ses longs pétioles canaliculés), la plus belle espèce de la famille des Musacées. Il a péri il y a quelques années par un froid anormal.

Aroïdées

Les Aroïdées offrent une belle végétation et sont représentées par les grandes espèces de *Caladium* : *Caladium esculentum* (Iles Caraïbes), *violaceum*, etc.; les différents *Phyllodendron* qui s'enroulent autour des arbres; l'*Amorphophallus Rivieri* Dur. (Inde,

Cochinchine) plus correctement appelé *Conophallus Rivieri*.

Beaucoup d'Aroïdées pourraient résister sous le climat du littoral algérien si l'on pouvait les préserver de l'humidité trop prolongée qu'elles ont à endurer parfois pendant l'hiver.

Conifères

Nous devons mentionner en première ligne l'*Araucaria excelsa* Ruiz-Pav., de l'île de Norfolk, le plus beau peut-être de tous les Conifères. On en voit trois sujets, ayant chacun une forme spéciale et une taille qui ne saurait être évaluée à moins de 30 mètres environ (1). Ce sont les trois arbres les plus élevés du Jardin. Ajoutons que leurs rameaux, à la base, près du sol, ont plus de 40 mètres de circonférence.

On procède, au moment favorable, sur ces magnifiques spécimens d'*Araucaria excelsa*, à la fécondation artificielle. Mais ce n'est pas toujours là une besogne facile, car les organes femelles (cônes) sont situés tout en haut de l'arbre, pendant que les organes mâles (chatons) sont placés aux extrémités des branches de la partie inférieure. C'est, comme on le voit, une véritable ascension. En outre, il n'y a pas toujours coïncidence dans l'épanouissement des deux sortes d'organes.

Pinus longifolia (du Mexique). Il rappelle par l'élégance de son feuillage le Pin du Lord (*Pinus Strobus*), qu'il surpasse considérablement comme hauteur. Le principal sujet qui se trouve au Jar-

---

(1) Dans le petit archipel des îles Norfolk, Philip, etc., l'*Araucaria excelsa* atteint 50 et 60 mètres de hauteur.

din d'Essai, près du bâtiment de la Direction, attire l'attention de tous les visiteurs. Sa taille peut être évaluée à 15 mètres environ et son diamètre à 1 mètre 20.

Pinus Canariensis, Pin des Canaries. Très belle espèce pyramidale, riche en résine et qui pourrait être employée utilement dans les boisements des montagnes du littoral. Un essai en ce genre a été fait dès 1860 dans la partie haute ou montagne du Jardin d'Essai.

Abies Baborensis (des montagnes de la Kabylie), espèce plus belle encore que l'*Abies Pinsapo* Boiss. (de l'Andalousie), ce qui ne saurait passer pour un faible éloge.

Taxodium distichum Rich. Cyprès chauve, Cyprès de la Louisiane (Amérique sept.); feuillage caduc, léger, d'un vert pâle, très élégant. Racines produisant de curieuses exostoses.

Il y a d'autres plantes intéressantes parmi les Conifères : des *Podocarpus,* de très beaux échantillons de *Dammara,* l'un des genres les plus rares du Jardin, etc.

Nous n'avons pas à mentionner d'autres espèces dans les Conifères, ces plantes ne trouvant pas au Jardin d'Essai des conditions d'altitude satisfaisantes.

Nous signalerons dans la province d'Alger : la forêt de Cèdres de Sidi-el-Kébir située dans la commune de Blidah et celle, bien plus remarquable et plus renommée, de Teniet-el-Haâd (à 182 kilom. d'Alger) n'ayant pas moins de 3000 hectares et se développant sur les deux versants du Djebel Enndate, dont le sommet culminant atteint 1.700 mètres d'altitude. Le Cèdre *(Cedrus atlantica),* qui peuple, en grande partie, cette vaste étendue, disparaît vers 1.300

mètres, limite minima de la végétation de cette essence à l'état spontané (1).

Ficus

Le genre *Ficus*, qui est représenté au Jardin d'Essai par un très grand nombre d'espèces, offre des particularités de végétation on ne peut plus intéressantes (2). On sait que, dans la plupart des espèces, les inflorescences et les fructifications se montrent à l'extrémité des jeunes rameaux : *Ficus Roxburghii, religiosa* (le Figuier des Pagodes), etc. (3). Dans quelques autres, les inflorescences sont portées sur des ramifications spéciales (inflorescences caulinaires ou racèmes), se développant sur le vieux bois : *Ficus racemosa, sycomorus* (Figuier de Pharaon) (4), *Capensis, Lichstenstenii*, à énormes grappes, *laurifolia*. Dans certains *Ficus*, qui sont de grands arbres toujours verts, de longues racines adventives ou aériennes se développent et pendent vers la terre. Dès qu'elles ont adhéré au sol, elles ne tardent pas à se convertir en troncs puissants formant de nombreuses arcades et se propageant de tous côtés, quelquefois à de grandes distances du tronc primitif.

---

(1) Ces renseignements sur les forêts de Cèdres nous ont été donnés par M. Durando, l'excellent et vénéré professeur municipal de botanique, dont la connaissance profonde de la Flore algérienne et la si parfaite obligeance sont appréciées par les nombreuses personnes que fréquemment il est appelé à guider dans des excursions botaniques aux environs d'Alger.

(2) Ce genre, l'un des plus considérables du règne végétal, comprend plus de 600 espèces.

(3) La gomme-laque est principalement produite par les *Ficus indica* et *religiosa* et le caoutchouc par les *Ficus clastica, indica*, etc.

(4) C'est le bois dur et incorruptible du *Ficus sycomorus* (Figuier de Pharaon) que les Egyptiens employaient pour les cercueils des momies, dont beaucoup, on le sait, se sont maintenus en bon état de conservation jusqu'à nos jours.

JARDIN D'ESSAI DU HAMMA

Ficus Roxburghii   Au milieu du bassin : *Cocos flexuosa.*

ROND-POINT DES FICUS ROXBURGHII.

Nº 4 — Phototypie J. de PARADA.   25, allées de Tourny, Bordeaux.

Une seule touffe de *Ficus Roxburghii* mesure plus de 20 mètres de diamètre (1).

C'est ainsi qu'au Jardin d'Essai la grande allée des *Ficus Roxburghii* présente le coup d'œil le plus curieux et le plus étrange que l'on puisse concevoir. Mais, chose digne de remarque, les racines aériennes ne prennent de développement qu'à l'ombre et sous l'influence d'une certaine humidité. A une exposition sèche ou trop ensoleillée, ces *Ficus* n'offrent que peu ou point de racines aériennes.

La plupart des *Ficus* sont à feuilles persistantes. A citer, comme exception : les *Ficus populifolia* Vahl. (Arabie) et notre figuier comestible *Ficus carica* L., tous deux à feuilles caduques.

Les *Ficus nitida* et *lævigata* sont très employés pour les routes et les avenues. Un grand nombre de voies de la ville d'Alger et des environs, sont plantées de sujets appartenant à ces deux espèces et provenant des pépinières du Jardin d'Essai. Le *lævigata* est la plus belle des deux. A signaler, en terminant, le *Ficus repens* (de la Chine). Cette petite plante qui, en Europe, dans les serres, dont elle tapisse si bien les murs, donne des feuilles très exiguës et pas de fruits, se transforme en pleine terre et donne alors des feuilles très grandes et des fruits volumineux.

Sterculiacées

Sterculia platanifolia. L. — Sterculie à feuilles de platane (Chine). Ce bel arbre est particulière-

---

(1) Sur les bords du Nerbuddah, fleuve sacré de l'Indoustan, se trouve un individu fameux du Figuier des Pagodes, qui occupe un périmètre de plus de 600 mètres de circonférence, sur lequel on compte plus de 300 colonnes formées par les racines adventives.

ment intéressant, au point de vue botanique, par son fruit foliacé, curieux exemple de la transformation des organes.

Sterculia coccinea Roxb. (Indes orientales).

— *nobilis* Smith (Indes orientales) à feuilles énormes, à fleurs à odeur de vanille.

Bombacées

Les Bombacées sont des végétaux d'une importance exceptionnelle et d'une grande rareté.

Adansonia digitata L. Baobab. De l'Afrique tropicale. Le Jardin d'Essai possède quelques jeunes sujets de cet étonnant végétal (1).

Le genre *Pachira* ou *Carolinea* est remarquable par le grand développement de ses fleurs comprenant un grand nombre d'étamines et par sa floraison principalement nocturne.

Chorizia speciosa Aug. St-Hil. (Brésil). Espèce voisine, comme végétation, de l'*Adansonia* ou *Baobab*, à magnifique floraison automnale. Le tronc et les rameaux sont criblés dans toute leur étendue de forts aiguillons, très rapprochés et étroitement soudés à l'écorce, ce qui donne à cette espèce un caractère très original, qui vraisemblablement ne doit exister dans aucun autre groupe de végétaux. Particularité fort curieuse, l'arbre grossissant, tous ces aiguillons ne se disjoignent pas, comme on

---

(1) Rappelons que le Baobab est l'espèce la plus renommée parmi les Bombacées. Le tronc ne dépasse pas 4 ou 5 mètres de hauteur, mais il peut atteindre 25 ou 30 mètres de circonférence. Adanson a observé aux Iles du Cap-Vert des Baobabs qui devaient avoir plus de 6,000 ans.

pourrait le croire, mais le diamètre de chacun d'eux
s'accroît en conséquence (2).

Eriodendron Rivieri (Patrie inconnue). Cette
belle espèce, dédiée à feu Auguste Rivière, se
recommande par une magnifique floraison de premier printemps, apparaissant avant les feuilles. Ses
fleurs sont d'un rouge cinabre, teinte très rare dans
les végétaux.

Eriodendron phœosanthum Dcne (Patrie inconnue). Fleurs brunes, floraison presque ininter-
rompue.

Eriodendron leiantherum Aug. St-Hil. (Brésil).
Très grande fleur d'un beau blanc velouté.

Aurantiacées

Les Aurantiacées prospèrent au Jardin d'Essai.
Seulement il est indispensable de les placer dans
des endroits très aérés et bien arrosés. Il est à
remarquer que les régions moins chaudes, telles
que les vallées de la Kabylie, conviennent particulièrement pour la bonne venue des fruits. C'est ainsi
que chaque année, à l'arrière-saison, alors que l'on
ne trouve presque plus d'oranges sur les arbres et
notamment à Blidah, à ce moment de l'été où les
chaleurs et la sécheresse s'accentuent de plus en
plus et peuvent faire sérieusement craindre la dis-
parition définitive de cet excellent fruit, des quan-
tités de très belles oranges volumineuses et juteuses
font leur apparition sur les marchés d'Alger, arrivant
en droite ligne des régions fraîches de la Kabylie.

---

(2) M. Aug. Rivière a publié une note d'un véritable intérêt botanique
sur l'accroissement basilaire de ces aiguillons, qui se présentent, du
reste, dans plusieurs autres Bombacées. Journ. de la Soc. Cent. d'Hort.
de France, 2e série, tome IV, p. 90-94, 1870.

Parmi les principales Aurantiacées cultivées au Jardin d'Essai, on trouve toutes les variétés d'oranges *(Citrus aurantium)*, de mandarines *(Citrus nobilis)*, de citrons *(Citrus medica)*, de pamplemousses *(Citrus Decumana)*, etc. (1).

Légumineuses

La famille des Légumineuses est représentée au Jardin d'Essai par un grand nombre de belles espèces.

Papilionacées. — Citons d'abord le magnifique genre *Erythrina*.

Erythrina umbrosa (Brésil). C'est, de toutes les espèces d'Erythrines, celle qui prend le plus grand développement.

L'*Erythrina speciosa* se recommande également.

Erythrina Corallodendron. Erythrine à fleur de corail (Antilles). Le plus hâtif comme floraison. Il est remarquable par la grandeur et la beauté de ses fleurs, qui apparaissent au printemps avant les feuilles.

---

(1) Voici un relevé qui permet de se faire une idée de l'importance du commerce des oranges, citrons et mandarines, et de leur importation en France en 1886, et dans lequel apparaît la prépondérance de l'Espagne parmi les pays expéditeurs :

Importation.	Provenance.	1886
		kil.
Citrons, oranges et leurs variétés.	Espagne..........................	43.957.824
	Italie............................	1.749.163
	Algérie..........................	3.198.892
	Autres pays	791.734
	Totaux.........................	49.697.613
	Valeur en francs :...............	19.878.966

Erythrina crista galli. Erythrine crête-de-coq (Amérique mérid.). Cette plante est assez répandue en France dans les grands massifs, mais elle n'offre le plus souvent que des tronçons difformes et rabougris, tandis qu'en Algérie, et aussi à Toulon et à Nice, elle se présente sous la forme de grands et beaux arbres.

Nous avons encore remarqué quelques Papilionacées en petits buissons et à très brillante floraison, notamment les *Chorizema ilicifolia* et *cordata*, ainsi que les *Brachyzema*. Ces deux genres sont australiens. — A noter enfin, parmi les Sophorées, le *Virgilia lutea* et quelques belles espèces de *Sophora*.

Mimosées. — Les Acacias australiens, très vigoureux, se développent au Jardin d'Essai comme dans leur pays. Quelques espèces sont employées dans les reboisements, principalement les *Acacia leiophylla*, *cyanophylla* et *pycnantha* (1). Les espèces véritablement horticoles sont : les *Acacia dealbata*, *mollissima* et tout le groupe des *Floribunda ;* enfin les espèces arborescentes : *Acacia melanoxylon* et *longissima*.

Les *Acacia eburnea* et *horrida* doivent être signalés. Ces deux espèces sont munies de fortes et grandes épines dont la blancheur rappelle celle de l'ivoire et elles servent à former des haies impénétrables.

---

(1) M. Ch. Naudin a signalé récemment les services importants que rendent dans la colonie de Victoria (Australie), comme producteurs de tannin, certains Acacias, surtout l'*Acacia pycnantha*, qui en contient jusqu'à 45 pour 100 du poids de l'écorce sèche. En Algérie, de vastes étendues de terres inoccupées pourraient être rendues productives par des semis de ces Acacias tannifères.

(Voir *Bull. de la Soc. nat. d'Acclimatation de France*, no 1 du 5 janvier 1889.)

Parmi les espèces indiennes, américaines, etc., il y a lieu de remarquer : les *Acacia alba, Arabica, Cavenia* (de Buenos-Ayres), *Farnesiana* Willd. Cette dernière espèce est vulgairement connue sous le nom de *Cassie*. Elle est l'objet, comme le *Cavenia*, d'une culture spéciale en Algérie et en Espagne, en vue d'obtenir un parfum avec les fleurs, d'une odeur suave ; l'*Acacia Portoricensis* (l'Acacia de Porto-Rico), dont la fleur est remarquable par ses belles houppes d'étamines hygrométriques, qui se replient sur elles-mêmes quand survient un changement de temps ; l'*Acacia Julibrissin* (Arbre de soie ou Acacia de Constantinople), beaucoup plus répandu que le précédent et remarquable, comme lui, par ses brillantes houppes d'étamines.

Césalpiniées. — Les Césalpiniées réussissent bien au Jardin d'Essai. Parmi elles on distingue, au premier rang, le *Parkinsonia aculeata* (Nouvelle-Hollande), arbre d'une très grande élégance aux rameaux flexibles et inclinés, à fleurs jaune d'or, avec ponctuations rouges. Il n'atteint pas un grand âge sous le climat algérien (1). Le *Poinciana Gilliesii*, aux longues et splendides étamines rouges, très connu en France. Les *Bauhinia* se plaisent également à Alger, notamment le *tomentosa* et l'*acuminata*.

Cactées

Ces plantes bizarres, hérissées d'épines et constituées pour la plupart presque entièrement par des

---

(1) A Tunis, dont le climat, peut-être un peu plus sec et plus chaud que celui d'Alger, semble encore mieux lui convenir, nous avons vu de très beaux *Parkinsonia aculeata* dans le jardin de la Compagnie des Chemins de fer de Bône-Guelma. On nous assure que le *Parkinsonia* est également cultivé à Gênes et qu'il y prospère.

amàs de tissu cellulaire, n'offrent rien de bien attrayant comme forme ni comme couleur tant qu'elles ne sont pas décorées par la fleur, qui est souvent d'une beauté remarquable et d'un très vif éclat.

Cereus triangularis Haw. (Mexique). Fleurs jaunâtres.

— *grandiflorus* Mill. (Ind. occid.). Belle fleur nocturne, à corolle d'un blanc pur et à odeur suave de vanille.

— *rostratus.* C'est, de tous les *Cereus,* celui dont les fleurs sont les plus grandes. Ces trois espèces grimpent et s'enroulent comme des serpents dans les arbres, jusqu'à de grandes hauteurs.

— *Peruvianus* Tabern. (Amér. mérid.). Très grande et belle plante à fleurs blanches verdâtres.

— *nycticaulis,* à superbe fleur blanche, odorante, presque aussi grande que celle du *Cereus rostratus.*

— *cœrulescens,* à aspect bleuâtre et à belle floraison.

Opuntia. — La plupart des *Opuntia* ont des fruits comestibles mûrissant sous le climat d'Alger et connus sous le nom de *Figues de Barbarie,* avec variétés à fruits rouges et à fruits jaunes. Il y a des variétés d'*Opuntia* dont les raquettes sont inermes et qui servent, au Jardin d'Essai, à la nourriture des autruches. M. Charles Rivière, directeur, a reconnu après analyse, les mêmes propriétés alimentaires dans les raquettes que dans les carottes : elles pourraient donc être données comme nourriture au gros bétail.

Les *Opuntia* sont très nombreux :

Opuntia Ficus Indica Mill. Raquette, Nopal,
Figue d'Inde ou de Barbarie.
— *coccinellifera* Mill. Raquette, Nopal,
Porte-Cochenille (Amér. mérid.).
— *leucotrica* Dec. Raquette, Nopal à poils
blancs (Mexique), etc., etc.

Verbénacées

La plupart des Verbénacées sont d'origine américaine ou indienne. Les espèces les plus remarquables sont :

Duranta brachypoda, Ellisia, inermis, Plumieri, Stenostachys, toutes fort belles et d'un égal intérêt.

Plusieurs espèces de *Lantana* et leurs variétés. Le *Lantana Sellowiana* est une jolie petite espèce traçante formant gazon.

Lippia repens (L. canescens), pour bordure ou talus.

Oxera pulchella (Nouvelle-Calédonie), arbrisseau buissonneux à rameaux flexibles et un peu volubiles, plante admirable par ses innombrables fleurs blanches à odeur d'amande et par sa floraison très prolongée.

A remarquer enfin un arbre fort intéressant :

Tectona grandis L. Teck, Bois de teck, chêne des Grandes Indes. Le bois, nommé *bois puant,* est très recherché pour les constructions, en ce qu'il est très dur et jamais attaqué par les larves, dont il est sans doute préservé grâce au suc propre dont ses fibres sont imprégnées. Le climat algérien n'est pas favorable à cet arbre, originaire des parties chaudes de l'Inde (côtes de Malabar) et, par suite, il ne figure au Jardin d'Essai que comme plante de collection.

JUBÆA SPECTABILIS

Au milieu d'une forêt de *Phœnix*, *Chamœdorea*, *Ficus*, etc.

Plantes de bordure

Les plantes de bordure, bien que d'un intérêt secondaire, jouent, à l'égard d'un massif, un rôle au moins aussi important que peut l'être l'encadrement d'un tableau : un jardinier de goût ne saurait l'oublier. On ne peut que louer à ce sujet le choix judicieux de plantes qui a été fait pour cet objet. Citons quelques-unes des espèces ainsi utilisées dans la portion du Hamma qui a été disposée en jardin anglais :

Lippia repens, charmante petite Verbénacée ;

Ophiopogon japonicum (Herbe aux turquoises), jolie plante à laquelle Alphonse Karr a donné autrefois une certaine vogue.

Mesembrianthemum edule, Ficoïde comestible ou Figue des Hottentots, splendide plante gazonnante à très grandes fleurs rouges ou jaunes ne s'épanouissant pleinement qu'au soleil. Prospère surtout dans les terrains secs. Très belle floraison à Oran dès le premier printemps.

Mesembrianthemum acinaciforme L. Ficoïde en forme de cimeterre ;

Pennisetum longistylum, très élégante graminée ;

Lavandula spica et *dentata* ;

Lantana Sellowiana ;

Gazania speciosa ;

Cineraria maritima ;

Santolina tomentosa ;

Rosmarinus officinalis ;

Roseau panaché ;

Lierre, variété d'Alger, à grandes feuilles d'un très beau vert ;

Rosiers nains ou pompons, mignonnes petites plantes très florifères, d'un effet ravissant (*Gloire de miss Lawrence*, *Pompon de Paris*, etc.).

Plantes sarmenteuses, grimpantes, rampantes et volubiles

Bignonia Twediana. On voit cette belle espèce s'enrouler autour d'un grand palmier, qui semble succomber sous ses étreintes. Les fleurs, très abondantes, à tube élargi et d'un jaune d'or très brillant, sont d'un merveilleux effet.

Bignonia unguis, voisine de la précédente, à fleurs moins grandes, jaune d'or également.

Bignonia venusta. Splendides fleurs jaunes.

Bignonia jasminoïdes à fleurs blanc et rouge.

Phædranthus Lindleyanus. Bignoniacée à fleurs rouge velouté, qui forme autour d'un tuteur très élevé d'énormes pyramides d'une grande magnificence. La floraison dure toute l'année, mais elle est beaucoup plus active au printemps. Cette plante, qui se trouve depuis un très grand nombre d'années au Jardin d'Essai, n'a jamais donné de fructifications. La cause doit en être attribuée, sans doute, à l'insuffisance ou à l'absence du pollen.

Cissus Roylii. S'applique contre les murs. Son feuillage serré, d'un très beau vert, forme un très beau tapis.

Cissus Witchii, encore peu connu. Très remarquable par son feuillage, d'une élégance extrême, qui passe d'un beau vert à un rouge brillant en automne. Cette Ampélidée est incontestablement plus élégante et plus décorative que le *Cissus quinquæfolia*, ou Vigne vierge, généralement employé.

Ces *Cissus* sont des plantes rustiques, mais ils exigent cependant des soins particuliers dans les premiers temps de la plantation.

Oxera pulchella (Nouvelle-Calédonie), déjà citée. Fleurs d'un blanc pur, très odorantes. Splendide et abondante floraison dans le courant de l'hiver.

Lantana. On se sert en Algérie de plusieurs espèces du genre *Lantana* pour faire des haies.

Budleia Madagascariensis. Plante à grand développement, très rustique sur le sol algérien. Elle aime les terrains secs.

Bougainvillea brasiliensis, à fleurs d'une teinte rouge brique très curieuse.

Bougainvillea glabra, spectabilis, Varsewiczii.

Ces quatre espèces de *Bougainvillea* sont de très belles plantes. Le *B. Varsewiczii* est particulièrement remarquable. Il est très employé pour orner les façades des villas, dans les grands parcs des environs d'Alger. Ses innombrables fleurs éclatantes (bractées) d'un rouge violacé forment des tapis d'une richesse de coloris inouïe. Aucune autre plante grimpante ne saurait lui être comparée comme effet décoratif. En outre, sa floraison est de très longue durée.

A citer encore, comme plante de palissade, une Liliacée, l'*Aloe ciliaris.* Nous avons vu à Oran, dès les premiers jours du printemps, peu clément cependant, de 1888, des murs recouverts de nombreuses fleurs d'*Aloe ciliaris,* dont les longues et élégantes corolles tubuleuses pourprées faisaient un merveilleux effet (1).

Phaseolus Caracalla L. (vulgairement Haricot-

---

(1) On sait que sur le littoral du département d'Oran la température est un peu plus élevée que dans la région maritime du reste de l'Algérie.

limaçon), fleur d'une forme hélicoïde très curieuse.

Sechium edule Chayotte (Cucurbitacées) d'une très grande végétation, à fruits comestibles.

Smilax salsaparilla. Salseparcille de Honduras.

Plumbago capensis. Buissons énormes. Fleurs d'un bleu clair très délicat.

Tropœolum Canariense et *pentaphyllum*, plantes très élégantes.

Le groupe des *Passiflora* et des *Tacsonia* offre aussi des plantes très recommandables et d'un grand développement, les *Tacsonia* principalement.

Ipomœa mexicana, variété grandiflora, à très vastes corolles d'un blanc pur.

Ipomœa Leari. Cette espèce vivace se couvre pendant toute l'année de grandes et superbes fleurs bleu velouté dont la nuance passe, du matin au soir, du bleu foncé au violet. Lorsque, le matin, les premiers rayons du soleil viennent éclairer, sur les fortes touffes d'*Ipomœa,* des milliers de fleurs fraîchement écloses, c'est une véritable fête pour les yeux et l'on comprend alors l'appellation anglaise donnée à cette plante : *Morning-glory.* En Algérie, notre modeste Volubilis semble être inconnu et entièrement remplacé par l'*Ipomœa Leari.* Cette dernière plante, universellement cultivée, se rencontre non seulement dans les jardins et villas, mais un peu partout, sur les routes et devant la plus humble échoppe. Par contre, ce n'est pas sans quelque difficulté que cette belle espèce se maintient dans nos jardins du sud-ouest de la France.

Partie haute, ou petite montagne, du Jardin du Hamma.

En laissant à droite le *Café des Platanes,* on monte, par un sentier, à la partie haute du Jardin d'Essai, au sommet de laquelle on découvre un merveilleux panorama. Cette portion du Jardin offre un grand intérêt en ce que les végétaux y sont laissés à l'état de nature, livrés, pour ainsi dire, à leur tempérament propre, ce qui forme un curieux et instructif contraste avec les cultures de la partie basse du Hamma. C'est, en quelque sorte, une véritable forêt vierge.

On côtoie, tout d'abord, une rangée de *Grevillea robusta* (Protéacées), *Sylvery-Oak* des Anglais, dont l'inflorescence présente une réelle originalité. Cet arbre est le seul qui résiste au vent de mer.

Myrtacées (I)

La famille des Myrtacées se trouve principalement représentée par différentes espèces d'*Eucalyptus :* *Eucalyptus colossea, globulus, rostrata,* etc.

On connaît le rôle antipalustre important que jouent les *Eucalyptus,* la vigueur des sujets, leur haute stature (2), enfin la rapidité avec laquelle ils

(1) On sait que la famille des Myrtacées, qui compte en Asie, en Amérique et surtout en Australie un si grand nombre d'espèces, n'est représentée en Europe que par une seule, le Myrte commun, *Myrtus communis* L. Cet arbrisseau, extrêmement répandu en Algérie, est recherché par les Arabes, qui recueillent et gardent ses rameaux avec vénération dans leurs demeures, ou vont les déposer dans leurs cimetières, sur les tombes.

(2) En Australie, la hauteur de certains *Eucalyptus amygdalina* dépasse 150 mètres et la circonférence 30 mètres. Leurs ramifications ne commencent qu'à 100 mètres au-dessus du sol. (*Eucalyptographia,* par M. le baron Von Mueller.)

(*Note sur les Eucalyptus géants de l'Australie,* par Charles Joly, Paris, G. Rougier, 1885.)

se sont répandus dans toute l'Algérie, où ils offrent maintenant tout à fait l'aspect de végétaux indi-gènes. L'*Eucalyptus globulus* a été l'espèce la plus employée jusque dans ces derniers temps, mais l'on commence, depuis une dizaine d'années environ, à lui préférer l'*Eucalyptus rostrata* ou *Red-Gum*. L'*Eucalyptus rostrata* est moins rapide de crois-sance, il est vrai, et moins riche d'essence, mais il est beaucoup plus rustique; s'accommodant mieux de la sécheresse, donnant des tiges plus droites et demandant moins de soins d'entretien. C'est l'*Eu-calyptus rostrata* qui domine maintenant dans les plantations faites aux environs immédiats de la ville d'Alger. L'*Eucalyptus colossea*, qui réclame à peu près les mêmes conditions de culture que le *ros-trata*, mérite également d'être recommandé.

Le Jardin d'Essai possède un grand nombre d'es-pèces d'Eucalyptus. Il y a lieu de signaler aussi, à Maison Carrée, aux environs d'Alger, la très importante collection d'*Eucalyptus* de M. Cordier, que tous les arboriculteurs ne manquent jamais d'aller visiter.

Parmi les autres Myrtacées, à citer différentes espèces buissonnantes dans les genres : *Melaleuca*, *Metrosideros*, *Callistemon*, aux fleurs originales et brillantes.

Casuarinées.

La famille des Casuarinées comprend le genre unique *Casuarina*. Les diverses espèces, dont la plu-part appartiennent à l'Australie, le pays étrange par excellence, se font remarquer, entre autres sin-gularités d'organisation, par l'absence de feuilles.

Le *Casuarina equisetifolia* (*Filao*), à rameaux presque glauques, pliant sous une abondante fructification et que l'on pourrait comparer à une immense Prêle.

Le *Casuarina tenuissima*. Cette très belle plante, d'un grand développement, est employée dans le boisement des plaines, dans les parcs et les avenues.

Les *Casuarina* s'accommodent très bien des terrains secs. Leur bois est plus dur et de meilleure qualité que celui des *Eucalyptus*. Le bois du *Casuarina muricata* Rumph., est plus dur que le bois de fer. Dans les forêts composées de cette essence, le vent produit dans les branches des sons comparables à une musique lointaine.

Conifères.

On trouve un groupement remarquable de différentes espèces d'*Araucaria* dans tout leur développement, ce qui permet de comparer les diverses formes qu'elles affectent à l'état de nature.

L'*Araucaria excelsa* est représenté par un assez grand nombre de sujets de 10 à 15 mètres de hauteur, ayant la forme absolument pyramidale. A côté, se trouvent les *Araucaria Cookii*, en forme de colonne, c'est-à-dire en verticilles très rapprochés et peu étalés. En outre, le feuillage est d'un vert émeraude assez foncé.

Les *Araucaria Cunninghami* Steud., d'une douzaine de mètres de hauteur, sont surtout remarquables par les agglomérations des feuilles aux extrémités des branches.

L'*Araucaria Bidwilli* offre un aspect très différent de celui des autres espèces. C'est un arbre ramassé sur lui-même, très garni de feuilles en forme d'écailles. Au point de vue du feuillage, il a beaucoup de rapport avec les *Araucaria imbricata* et *Brasiliensis*. Il est à remarquer que la première de ces deux espèces, qui est originaire du Chili, ne résiste pas aux étés algériens ; quant à la seconde, dont la patrie est le Brésil, elle se comporte mal au Hamma.

Au sommet de la petite montagne se trouve un boisement assez important de pins des Canaries (*Pinus Canariensis*) s'élevant en colonnes très droites et chargés d'un très beau feuillage, quelquefois glaucescent ; quelques sujets isolés de Cupressus *Lambertiana, macrocarpa, pendula,* une fort belle variété *argentea,* enfin un conifère spécial à l'Algérie, le Callitris ou Thuia d'Algérie (*Callitris quadrivalvis* Vent., *Thuia articulata,* Desf.) (1)

Légumineuses

La plus grande partie de la montagne est plantée en Acacias de la Nouvelle Hollande. La plupart ont un caractère buissonnant, quelquefois rampant. Les principales espèces sont : *Acacia genistæfolia, cultriformis, trinervata, spiralis,* etc.

Au milieu de la montagne, se trouvent les espèces à tiges droites, véritablement arborescentes : *Acacia longissima, longifolia* et surtout l'*Acacia melanoxylon,* qui paraît devoir constituer un grand arbre.

Dans certaines parties, court, à l'état de buisson traçant, une très curieuse Composée du Cap: *Osteospermum pysiferum* et, çà et là, se remarquent encore quelques végétaux intéressants : les *Lepto-*

---

(1) On trouve des forêts de *Callitris quadrivalvis* Vent. sur les parties montagneuses dans les trois provinces de l'Algérie. Cet arbrisseau, qui est recherché pour l'ébénisterie, fournit la résine *sandaraque.*

Il se produit à la base du tronc de très volumineuses loupes que les Romains désignaient sous le nom de *bois de citre.* Ils en faisaient des meubles qui étaient très recherchés et atteignaient des prix un peu fantastiques, tels que celui de la table que mentionne Pline et qui fut payée par Cicéron, 210.000 francs.

Fond de Bombacées en Foliaison   Cereus, Agave attenuata, etc.

JARDIN ANGLAIS

spermum, les *Banksia,* le *Coulteria tinctoria,* le *Fabricia lævigata,* etc., etc.

Diverses plantes d'ornement

Le Jardin du Hamma est si riche et si varié que bien des végétaux intéressants qui y sont représentés n'ont pu trouver place dans les familles ou catégories précédentes. Nous devons clore, du reste, une énumération qui pourrait devenir fatigante. Mentionnons, pour finir et au hasard de nos souvenirs, quelques-unes des plantes qui contribuent le plus au caractère particulier de la végétation algérienne, soit au point de vue forestier ou des plantations d'alignement, soit dans le domaine purement horticole.

I. — Dans les arbres, indépendamment des *Eucalyptus, Ficus, Palmiers, Casuarina, Pinus,* dont nous avons déjà parlé, nous signalerons :

Divers Acacias australiens, indiens, américains, etc.

Le Micocoulier (*Celtis australis* L.), si connu en Provence.

Le Lentisque (*Pistacia Lentiscus* L.), Midi.

Les Mûriers (*Morus rubra* L.), Amér. boréale; *nigra* L., Orient; *alba* L. (Chine).

Le *Phytolacca dioïca* L, *Bella sombra,* ou Belle Ombre (Brésil). Cet arbre, très répandu, est d'un aspect étrange et peu élégant. Nous l'avons entendu beaucoup décrier. Ses protubérances ligneuses encombrent le sol et gênent les promeneurs. Les individus femelles salissent les allées de leurs fruits; enfin son bois est, paraît-il, difficilement utilisé même pour le chauffage. Il ne se recommande guère que par l'ombre abondante que l'on trouve sous ses lourds branchages. C'est bien quelque chose, il faut le reconnaître, sous un ciel tel que le ciel africain. Le *Phytolacca dioïca* joue un rôle important à Oran, dans la belle promenade de l'Etang, où il est représenté par de grands et puissants arbres.

Jacaranda mimosæfolia Don. (Brésil), superbe bignoniacée à feuillage élégant rappelant la fougère, et à belles fleurs bleues

Sparmannia africana L. Tiliacée du Cap, toujours verte. Pétales blancs, filets jaunes et pourpres, anthères jaune doré, irritables.

Sophora Japonica L. Arbre d'un bel effet. Gousse donnant un principe colorant jaune, réservé au Japon pour teindre les vêtements de l'empereur.

Variétés : panaché *S. Jap. variegata* Hortul.

— pleureur *S. Jap. pendula* Hortul.

Schinus molle L. Mollé des Jardins. Faux Poivrier, Poivrier d'Amérique (Pérou). Feuilles à odeur de poivre, fleurs blanches, fruits à saveur poivrée. Cette belle térébinthacée, cultivée à Nice, à Cannes, etc., est également recherchée en Algégérie pour les parcs et aussi comme plante d'alignement. Cet arbre, d'un port gracieux, se recommande par l'élégance de son feuillage et surtout par ses grappes de jolis petits fruits globuleux semblables à des perles de corail.

II. Parmi les plantes de massifs, de dimensions moindres :

Sophora secundiflora Lagasc (Nouvelle-Zélande). Belles fleurs bleues unilatérales, en grappes terminales.

Grewia occidentalis L. (du Cap). Charmante petite corolle d'un rose clair.

Grewia orientalis L. (Indes orientales). Corolle d'un blanc jaunâtre.

Justicia Adathoda L. (Java). Carmantine de Ceylan, Noyer des Indes. Fleur blanc pâle, marquée de lignes purpurines et de taches brunes. Fruit lançant ses graines avec violence.

Justicia quadrifida. Vahl. Mexique. Fleurs écarlates.

Polygala cordifolia. Thunb. (Cap). Fleurs violettes pourpres en épi terminal.

Polygala myrtifolia L. (Cap). Fleurs d'un beau violet en grappes courtes terminales.

Oreopanax nymphœfolium. Vulg^t Lierre de Guatemala. Cette Araliacée, très rustique à Alger, à grandes et belles feuilles d'un vert émeraude vernissé, a été recommandée pour la culture d'appartement et préconisée même comme devant détrôner le *Ficus elastica,* dont l'aspect est peut-être un peu trop raide et métallique. Mais l'*Oreopanax,* comme du reste, les autres araliacées, placé dans la température chaude d'un salon, a une tendance à végéter trop rapidement, à perdre ses feuilles et à se déformer. Cet inconvénient, que ne présente pas le *Ficus elastica,* ne pourrait être évité qu'en tenant la plante dans une pièce froide et bien éclairée.

Aralia Humboldti, à nervures saillantes sur les deux faces des feuilles.

En terminant cette longue liste, nous ne saurions oublier les *Cycadées*, magnifiques végétaux d'une curieuse organisation : *Cycas circinalis* L. Malabar et *Cycas revoluta* Thunb. (Japon). Cette dernière espèce a fait depuis longtemps ses preuves comme plante à grand effet décoratif.

Enfin, le Jardin d'Essai possède de riches collections de jeunes Palmiers, de Dracænas, d'Agaves et d'Aloès.

Arbres et arbrisseaux fruitiers exotiques, etc.

Quelques arbres fruitiers exotiques fructifient bien à l'air libre au Jardin d'Essai, et sont d'une belle venue. Nous citerons les principales espèces :

Eriobotrya japonica Lindl. Vulg^t Néflier du Japon (Chine).

Diospyros kaki L. Plaqueminier, Caque, Figue Caque (Japon) (1).

Diospyros costata. Plaqueminier à côtes.

Anona cherimolia Lamk. Anone, Cherimolia du Pérou (2).

Persea gratissima Gœrtn. Persée, Avocatier (Amérique équatoriale, Antilles). Fruit rafraîchissant ayant un goût de noisette.

Eugenia jambos L. (*Jambosa vulgaris* Dec.). Prune de Malabar (Indes orientales).

Eugenia Jambolana Lamk. (*Zizygium jambolanun* Dec.). Jamelongue (Indes orientales).

Eugenia Michelii Lamk. Cerise de Cayenne (Brésil).

Enfin les différents Goyaviers, dont l'espèce la plus recommandable est le *Psidium pyriferum* L. Goyavier blanc ou Poirier des Indes (Amérique méridionale).

---

(1) Les fruits (baies) du *Diospyros kaki*, très recherchés des Japonais et des Indiens, commencent à se répandre dans la consommation parisienne. Mangés blets, ils ont la saveur de très bons abricots.

(2) Le fruit de l'*Anona Cherimolia*, var. *Loxensis*, est le meilleur fruit du monde (Linden).

Ficus Carica L. (Figuier domestique).

Le Jardin d'Essai possède plus de 20 variétés de notre figuier du Midi. On sait toutes les qualités de saveur fine et sucrée qu'acquièrent les figues comestibles en avançant vers les pays chauds. Celles de Marseille, si supérieures à celles du reste de la France, peuvent déjà en donner une idée.

Vignes vinifères

Le Jardin d'Essai possède une très belle collection de vignes européennes formée de longue main au Luxembourg par M. Auguste Rivière père, et cataloguée par ses soins. Cette collection s'est encore enrichie depuis quelques années. C'est ainsi que l'on remarque une grande variété de cépages des diverses régions de la France (de Bordeaux, de la Bourgogne, du Midi, etc.), et, en outre, un certain nombre de cépages arabes et même chinois. Les vignes américaines étant prohibées en Algérie, il va sans dire qu'on en chercherait vainement un seul pied au Jardin d'Essai. La mesure d'interdiction d'entrée dans les trois provinces ne s'applique pas seulement aux vignes mais encore à tous les végétaux sans exception, aux fruits et légumes, enfin à tout ce qui est de nature végétale, ce qui ne laisse pas que d'être fort gênant, on s'en aperçoit chaque jour. Malgré ce veto rigoureux, institué dans l'espérance de conjurer un danger que l'on croyait lointain, « le danger a vaincu l'espérance », ainsi que l'a déclaré Mme la duchesse de Fizt-James au congrès d'Oran (1). Sans une affir-

---

(1) Pour sauver le vignoble algérien, Mme la duchesse de Fitz-James a proposé, au Congrès, la greffe latérale de Cadillac modifiée, dite greffe latérale affranchie. (Congrès de l'Association française pour l'avancement des sciences, à Oran, séance du 3 avril 1888.)

mation si autorisée, nous ne nous serions pas douté, quant à nous, de la présence du terrible phylloxéra en parcourant les vignobles si vigoureux et si verdoyants que nous avons eu l'occasion de visiter. On sait que dans cette contrée, où le jus fermenté du raisin est formellement interdit par la loi de Mahomet, la culture de la vigne, si restreinte avant la conquête, a pris, surtout dans ces derniers temps, un immense développement (1).

Plantes potagères

Plusieurs plantes potagères sont cultivées en vue de la sélection de la graine. Ainsi, les différentes variétés de choux-fleurs, qui étaient en pleine fructification dans le courant du mois de mai, diverses races de haricots, notamment l'excellent haricot de Lima, quelques *Dolichos*, l'*Hibiscus esculentus* L. (connu sous les noms divers de : *Cornes grecques, Gombo des créoles, Guenaouia des Arabes*) (Amér. mérid.), et une cucurbitacée : le *Sechium edule* Swartz (Indes or.), la Chayotte, principalement recherchée par les habitants de Cuba.

On cultive, avec succès, pendant l'été, différentes espèces de patates *(Convolvulus Batatas* L.) de l'Amérique du Sud, etc.

Plantes médicinales

La *Salsepareille (Smilax Salsaparilla)*, de Honduras, végète au Jardin dans de très bonnes condi-

---

(1) La superficie des terrains plantés en vignes s'est accrue de 9,459 hectares en 1888, ce qui porte la zone totale actuellement cultivée dans toute l'Algérie à plus de 97,253 hectares.

La récolte de cette même année 1888 s'est élevée à 2 millions 728,373 hectolitres, contre 1 million 902,457 hectolitres en 1887.

tions et possède les mêmes propriétés que dans le pays d'origine.

L'*Ipecacuanha* (*Cephaëlis emetica*) (Pers.) (Forêts vierges du Brésil) et le Quinquina (*Cinchona acuminata*, Poiret) (Pérou), sont des plantes très délicates qui se développent mal sous le climat algérien : elles sont néanmoins représentées au Jardin d'Essai. Le Thé (*Thea Chinensis Sims*) (Chine) craint également les ardeurs de l'été.

Laurus camphora L., le Camphrier, le Laurier Camphrier (Chine et Japon). Cette Laurinée est cultivée dans la partie haute du Jardin, où l'on en voit de beaux sujets.

Citons, pour finir, une plante médicinale méditerranéenne, qui est en même temps un arbre fruitier, le *Zizyphus vulgaris* Lamk., forme *Z. Sativa*, à gros fruits, le Jujubier cultivé (Orient). En Algérie et en Tunisie on voit sur de grandes étendues de terrains incultes, indépendamment du *Ziziphus vulgaris*, un Jujubier, à l'état spontané, qui est le *Zizyphus Lotus* Lamk., le vrai *Lotus*, si vanté des Grecs. Les Tunisiens mangent les fruits et en font une liqueur fermentée.

Plantes industrielles

Les plantes industrielles comprennent en première ligne les orties textiles :

Urtica nivea L. (Chine), le Tchou-ma ou Apoo des Chinois, le China-grass des Anglais ;

Urtica tenacissima Roxb. (Indes orientales), connues toutes les deux sous le nom de Ramie.

Donnons une idée du rôle considérable que pourrait jouer la Ramie dans notre climat, qui paraît lui convenir. La France, qui se débat depuis un certain nombre d'années contre les concurrences industrielles nombreuses et redoutables que l'on sait, devient chaque jour, en ce qui concerne les matières premières textiles, de plus en plus tributaire des pays étrangers, et l'on n'estime pas à moins de plusieurs centaines de millions la valeur des fibres de toute nature qu'elle est contrainte d'aller se procurer au loin et que la Ramie pourrait avantageusement remplacer si un bon procédé de décortication pouvait enfin être trouvé. Malheureusement, depuis une douzaine d'années, les chercheurs les plus intelligents et les plus infatigables semblent toujours stérilement piétiner sur place : ni les Français, ni les Anglais, en possession déjà du monopole du China-grass, en Chine, ni les Américains, malgré leurs aptitudes natives, n'ont pu faire avancer cette question, qui rappelle les obstacles que l'on a dû surmonter autrefois pour la filature du lin à la mécanique (1).

Agave americana L. (Mexique) improprement appelé *aloès*. Les fibres ligneuses de ses feuilles donnent la *soie végétale*.

Chamærops humilis L. Palmier nain, Palmiste. Les Arabes utilisent ses feuilles pour la confection de chapeaux, nattes, paniers, cordes, etc. On en fait aussi du papier.

Latania borbonica (Midi de la Chine). Usages analogues aux précédents.

A citer, en dehors du Jardin d'Essai, à l'état spontané, dans d'immenses régions de l'Algérie :

Stipa tenacissima L., l'*Alfa* des Arabes. Ses

---

(1) A consulter la brochure : *La Ramie, Étude et analyse du Rapport officiel devant la Société d'agriculture et le Comice agricole d'Alger,* par Ch. Rivière, président du Comice agricole d'Alger. — Alger 1888.

JARDIN D'ESSAI DU HAMMA

FICUS NITIDA

Nº 7. -- Phototypie J. de PARADA.

25, allées de Tourny, Bordeaux.

feuilles servent, comme celles du *Lygeum spartum,*
pour les ouvrages de sparterie, mais leurs applica-
tions sont plus importantes et plus variées. Elles
servent à faire du papier. La pâte à papier d'alfa a
été utilisée, parait-il, pour l'impression du grand
journal anglais : le *Times* (1).

Olea Europœa L.. Olivier d'Europe (Orient). Le
Jardin d'Essai possède une grande collection d'oli-
viers. Dix variétés environ énumérées dans le
Catalogue se recommandent aux cultivateurs. L'olivier est surtout exploité dans la Grande Kabylie,
dont il constitue la principale ressource (2).

Citons encore, comme plantes industrielles : les
différentes variétés de canne à sucre (*Saccharum
officinarum*), la blonde, la violette, la rubanée,
ainsi que la verte de l'Inde, qui est très résistante
et est appelée à fournir un excellent fourrage dans
les pays chauds; l'*Opuntia coccinellifera*, Nopal à
cochenille (du Mexique) sur laquelle se développe
la cochenille. Cette culture, de même que celle de
la garance, n'a plus sa raison d'être en présence
des moyens de coloration que l'on trouve aujour-
d'hui dans les dérivés de la houille.

Les Indigotiers divers, le Cotonnier, le Sésame,

---

(1) La superficie des champs d'alfa exploités en Algérie en 1887 a été
de 1,248.852 hectares et le rendement s'est élevé à 2,240,020 quintaux
métriques, dont 755,650 (valeur réelle 8,915,000 francs) ont été exportés
en Angleterre. L'Algérie est le plus important fournisseur du Royaume-
Uni. C'est le département d'Oran, où l'alfa couvre plusieurs millions
d'hectares, qui fournit au commerce la plus grande partie de ce textile.
Le prix de revient de l'Alfa, transporté en France, peut être évalué à
30 fr. le quintal environ, au maximum, mais l'utilisation de cette plante
dans les papeteries françaises est jusqu'à présent très peu importante.
On ne peut que déplorer la timidité des essais tentés jusqu'ici par quelques-uns de nos grands industriels.

(2) Il a été récolté en Algérie en 1886 : 26,078,076 kilogrammes d'olives
et il a été fabriqué 410,666 hectolitres d'huile.

4

s'accommodent très bien du climat algérien, mais le développement de leur culture n'offre plus aucun intérêt économique.

Lawsonia inermis L. (*Lawsonia alba* Lamk). Alcana, Henné (Indes orientales). Racine à farder, Troène d'Egypte. Les feuilles de cette Lythrariée, généralement connue sous le nom de *Henné*, servent, en Asie et en Afrique, pour teindre en rose orangé les mains, les pieds et les ongles des femmes de ces pays. Elles sont employées par les hommes, en Egypte, pour teindre leur barbe et leurs cheveux. La racine est utilisée comme fard en Orient, où elle est connue sous le nom d'*Orcanette de Constantinople* (1). Cet arbrisseau est cultivé en Algérie, notamment à Blidah, à Mostaganem, à Sidi-Bel-Abbès, etc.

Animaux élevés au Jardin d'Essai

Autruches. — Il y a, au Jardin d'Essai, un très beau troupeau d'autruches, 80 environ, qui se reproduisent naturellement à l'état domestique. Ces animaux sont traités au point de vue de la multiplication et les sujets qui en proviennent, de même que les œufs, sont vendus aux personnes qui veulent se livrer à l'élevage. Les plumes d'autruche donnent lieu également à des ventes, mais ces articles, en tant qu'objets de toilette de dames, ont beaucoup baissé de valeur depuis que s'est opéré le dernier revirement de la capricieuse mode. Il y a lieu de noter que la qualité du duvet des autruches algériennes passe pour supérieure à celle du duvet

---

(1) C.-A. Duchesne. *Répertoire des plantes utiles et des plantes vénéneuses du globe*. Bruxelles, Méline, 1846.

de provenance anglaise. On sait l'importance du commerce des plumes d'autruche du Cap par les Anglais, maîtres du marché. La production annuelle représente, au cours actuel, une valeur qui n'est pas inférieure à 50 ou 60 millions pour un nombre de 80,000 oiseaux environ. M. Jules Forest, celui de nos compatriotes qui est peut-être le plus compétent en ce qui concerne l'élevage des autruches, mû par un sentiment de patriotisme des plus louables, s'est préoccupé de doter l'Algérie d'une industrie qui pourrait avoir des résultats considérables au point de vue commercial et civilisateur. M. Jules Forest propose de créer de grands parcs à autruches, analogues à ceux du Cap, au pays de Rirrha, dans la vaste région des Dayas, déjà habitée par quelques Français, qui se livrent à la culture du Palmier-dattier, à l'aide de puits artésiens. Cette contrée, du reste, était l'habitat de prédilection de l'autruche sauvage avant que la destruction générale de cet oiseau ait été opérée. (1)

Casoars. — L'acclimatation du casoar de la Nouvelle-Hollande a été également tentée. La chair de cet oiseau gigantesque, qui ressemble à celle du bœuf et qui est très appréciée en Australie, a été proposée en France, on le sait, comme viande de boucherie. Le Jardin d'Essai offre quelques spécimens de ce curieux échassier.

Différents essais ont été faits sur des oiseaux de dimensions infiniment plus modestes pouvant offrir

---

(1) *Un projet d'élevage d'autruches pour 1887-1888 dans le Sud-Est Algérien*, par M. Jules Forest aîné, naturaliste, plumassier, directeur de l'Autrucherie Créput de Miserghin, province d'Oran, travail publié dans l'*Algérie agricole*, n⁰ 155, du 15 août 1887.

de l'intérêt comme industrie plumassière, tels que certaines races de colombes et de tourterelles.

Enfin, une expérience intéressante a été faite également avec les Martins-tristes, oiseaux très destructeurs de sauterelles. Malheureusement, le climat algérien ne paraît pas convenir à cet oiseau de l'Inde méridionale.

Le Caméléon

On nous permettra de consigner ici un souvenir de voyage qui va nous faire sortir du cadre que nous nous étions tracé. Cette digression paraîtra, nous l'espérons, suffisamment motivée par l'intérêt du sujet. Il s'agit d'un reptile, d'une sorte de petit lézard, du caméléon, en un mot, grand destructeur d'insectes, à l'occasion duquel, depuis longtemps, l'imagination s'est donné ample carrière, ce qui nous a valu, depuis Aristote et Pline, quantité de récits pleins de fantaisie et d'erreurs. La description de ce petit être, même débarrassée des fables et strictement réduite aux faits certains que nous allons fidèlement rapporter et que nous prenons tous, du reste, dans Lacépède, est encore pleine de détails des plus curieux. Ce petit animal se présente à nous cependant, comme le plus laid, le plus gauche, le plus grotesque même que l'on puisse se figurer (1). La nature semble se plaire dans de pareils contrastes.

---

(1) L'étymologie même de son nom est ironique : Χαμαιλέων, petit lion, nom du Caméléon chez les Grecs et principalement dans Aristote, qui l'a décrit. (Hist. anim. lib. II, cap. XI).

Le Caméléon ordinaire (*Lacerta africana*, Gm.) qui nous occupe, semble être l'espèce unique pour Lacépède. Trois autres espèces sont caractérisées dans *le Règne animal*, de Georges Cuvier, d'Orbigny, etc.

La taille du caméléon est variable, mais ne dépasse guère 30 ou 35 centimètres de longueur totale.

Le cerveau n'a que 3 ou 4 millimètres de diamètre.

Le cœur a un battement si faible qu'on ne peut en constater l'existence que par le toucher.

Presque tout est étrange chez cet animal. On ne lui connaît point d'oreilles proprement dites : l'organe de l'ouïe est chez lui si rudimentaire qu'il semble en être dépourvu, et que les hommes de science ont eu quelque peine à le découvrir. De là provient sans doute la torpeur dans laquelle il est presque constamment plongé et l'extrême lenteur de ses mouvements. Sa vue est excellente et très perçante. Ses yeux sont mobiles et indépendants l'un de l'autre, à tel point que l'un peut se porter à droite, pendant que l'autre se porte à gauche, que l'un peut regarder devant pendant que l'autre regarde derrière ; enfin, qu'un œil peut se diriger en haut pendant que l'autre se dirige en bas. Le caméléon peut ainsi, immédiatement et à tout instant, regarder du côté qui le préoccupe, pour bien voir soit ses futures victimes, soit ses ennemis. Ceci constitue assurément un puissant moyen de préservation, mais le caméléon n'a pas d'armes pour se défendre. Il est absolument inoffensif pour l'homme.

Ses lèvres sont fendues même au delà des mâchoires, où leur ouverture se prolonge en bas.

Ses mâchoires consistent en un os dentelé qui fait l'office de véritables dents.

La langue du caméléon, dont la longueur égale presque la moitié de son corps, est recouverte à son extrémité d'un enduit visqueux qui lui sert à capturer les mouches, fourmis, coléoptères, sauterelles, chenilles, papillons, etc., dont il fait sa nourriture. Il la lance sur ces insectes avec la rapidité d'une flèche et la retire de même.

Beaucoup de gens, des horticulteurs notamment, qui ne tiennent que médiocrement à encourager la multiplication des insectes, regardent d'un œil bienveillant notre curieux petit saurien à l'œuvre et certains même lui donnent droit de cité dans leurs jardins. Par un juste retour des choses, les caméléons sont eux-mêmes avalés, entiers, par les vipères et les cérastes (Égypte) quand ces animaux peuvent réussir à les atteindre. Les caméléons sont poursuivis également par la mangouste et les oiseaux de proie.

La queue du caméléon est longue et forte ; il l'enroule comme le sapajou et elle lui sert de main supplémentaire pour prendre un point d'appui ou passer facilement d'un lieu à un autre.

La peau, dépourvue d'écailles, le plus souvent d'un gris plus ou moins foncé, est transparente et change de couleur par portion et non en totalité, comme on le croit généralement. On pense que ces changements sont déterminés chez le caméléon par la crainte, la colère ou la chaleur qu'il éprouve. En touchant sa peau, on y fait apparaître aussitôt d'assez grandes taches noires. Ces phénomènes dépendent, en outre, de l'âge, du sexe et du climat (1).

Nul autre quadrupède ovipare ne possède au même degré le pouvoir d'enfler et de désenfler à volonté les différentes parties de son corps. Il arrive

---

(1) Le Changeant d'Egypte (*Trapelus Ægyptius*, Geoff.) se fait remarquer par des changements de couleur plus prompts que ceux du Caméléon.

ainsi parfois à doubler son volume, ce qui le rend plus léger et lui permet de grimper plus facilement de branche en branche. Comme les autres lézards, il peut vivre pendant un an sans nourriture. Dans un pays un peu froid il périt bientôt. Les Arabes, qui l'appellent Taitah ou Bouiah, en font sécher la peau et la portent au cou, convaincus qu'ils sont préservés par cette amulette des influences du mauvais œil. Les nègres du cap de Monté (Côte de Guinée) vénèrent le caméléon et se gardent bien de le tuer ou de le blesser ; ils s'empressent, au contraire, de le secourir lorsqu'ils le rencontrent dans une situation difficile. Ces bons nègres ne font, du reste, en ceci, que se conformer aux prescriptions de leur religion, mais cependant quand le caméléon vient à mourir, ils font sécher sa chair et ils la mangent.

On trouve le caméléon sur les haies et sur les arbres, où il est souvent inaperçu grâce à son exiguïté et surtout à sa couleur, qui le fait aisément confondre avec les feuilles ou l'écorce.

Habitat du caméléon : presque tous les pays chauds, l'Afrique, le Cap de Bonne-Espérance, le Mexique, l'île de Ceylan, le midi de l'Espagne, etc. On le trouve aux environs immédiats d'Alger et on le rencontrait même autrefois au Jardin d'Essai, qu'il semble avoir déserté. Mais ceux qui veulent s'éviter la peine d'une chasse en règle, pourront s'adresser aux marchands, près de la Grande Mosquée, à l'entrée de la Pêcherie, où à un prix très minime, il leur sera facile de se procurer ce curieux petit animal, qui leur offrira un sujet d'observation d'un rare intérêt.

Cultures sous claies (partie plane du Jardin d'Essai)

En raison des rayons solaires trop ardents, de l'action desséchante du sirocco et des très fortes pluies, accompagnées parfois de grêlons, on emploie, au Jardin d'Essai, un système d'abris à l'aide de claies établies à 2 mètres 50 environ de hauteur et faites avec des tiges de roseaux de Provence et de bambous, ces derniers employés le plus souvent pour la charpente ou les traverses.

Sous ces abris, les jeunes végétaux, les Palmiers principalement, sont l'objet de procédés et de soins spéciaux qui ont pour but de favoriser leur premier développement.

Mais ces procédés sont également appliqués à un grand nombre d'autres plantes, telles que les Pandanées, certaines Araliacées à larges feuilles, les *Dracæna*, *Ficus*, etc. C'est à M. Charles Rivière, le Directeur actuel, qu'appartient en propre l'initiative de cette ingénieuse innovation qui, depuis, a été imitée par un grand nombre d'horticulteurs de la France. Ces abris, qui sont installés sur plusieurs points différents du Jardin, occupent actuellement une étendue de 4 hectares environ. Les cultures qu'ils protègent participent toutes au système d'irrigation que nous allons exposer. Sous ces mêmes claies, se rencontre la culture sur couche chaude pratiquée surtout en plein été afin de fournir la chaleur de fond. Ce service de couche est considérable; annuellement 26 ou 28 mille mètres sont recouverts de fumier en fermentation provenant exclusivement des chevaux et des mulets des casernes de Mustapha inférieur.

Système d'irrigation (partie plane du Jardin d'Essai)

Le terrain ayant dû être préalablement préparé pour l'irrigation, les quarante-quatre carrés de culture ont été nivelés en conséquence, en ménageant la pente nécessaire. Des rigoles, ou petits canaux, divisent le domaine en trois zones d'arrosement, déterminées par les niveaux. Ces canaux sont en maçonnerie de briques, ou sous forme de chenaux en terre cuite, reliés par du ciment.

Toutes les eaux dont on dispose actuellement ont été trouvées sur le domaine même. Dans la portion supérieure de la partie plane du Jardin, des travaux de captage ont été exécutés depuis l'année 1883. Ils consistent dans l'exécution d'une galerie de captage parallèle à la base de la montagne du Hamma. Cette galerie est creusée entre deux bancs calcaires très souvent au milieu du gravier. Le côté parallèle à la mer a été établi au moyen d'une maçonnerie contre laquelle les eaux viennent se butter et élever ainsi leur niveau. De plus, dans le radier de cette galerie, on a perforé sept puits artésiens, qui font jaillir une legère couche ascendante, située à environ 25 mètres de profondeur. Toutes les eaux accumulées dans les galeries sont élevées au moyen de deux norias principales pour être réparties dans les diverses zones d'irrigation. Une conduite forcée permet, grâce au dénivellement naturel du sol, d'arroser dix-neuf carrés de culture sans l'aide de machines élévatoires. Ce principal système d'irrigation est, en outre, renforcé par les eaux d'un grand réservoir creusé dans la partie montagneuse et alimenté par des sources naturelles. En outre, à la partie sud-ouest du Jardin, un très vaste puisard, dans lequel viennent se jeter plusieurs sources, permet d'accumuler une grande quantité d'eau, qui est élevée au moyen d'une pompe à vapeur donnant environ 40 mètres cubes à l'heure. Ces eaux sont conduites dans un bassin de réserve contenant 130 mètres cubes d'eau. Tous ces points d'eau sont mis en communication à l'aide de canaux et peuvent concourir d'une manière générale à l'irrigation de n'importe quelle partie du Jardin. On comprend toute l'importance de ce travail si l'on songe que des périodes de sécheresse d'une durée de plusieurs mois sévissent chaque année et ne manqueraient pas, en l'absence des moyens d'action que nous venons de décrire, de rendre toute culture impossible.

« Les végétaux élevés à l'air libre, sous le climat algérien, avec « toutes les ressources de l'art, présentent » dit M. Charles Rivière « en dehors de l'ampleur de leur développement et de la « beauté de leur feuillage, une vigueur, une robusticité initiale « qu'ils conservent transportés sous des latitudes plus australes. « Cette rusticité est à ce point marquée que les plantes algé- « riennes résistent longuement aux intempéries quand leurs simi- « laires nées dans les serres d'Europe succombent aux premières « atteintes défavorables (1). »

Le Jardin d'Essai est devenu depuis longtemps une source d'approvisionnement considérable pour les horticulteurs et les nombreux amateurs de plantes d'une grande partie de l'Europe, qui s'y procurent des végétaux de toutes sortes à des prix très peu élevés et cependant rémunérateurs, ce qui constitue, on en conviendra, la preuve la plus irréfutable d'une bonne gestion.

---

(1) Ch. Rivière. Rapport à M. le Gouverneur général de l'Algérie *L'Algérie agricole*, 2e numéro d'août 1887).

Disons, en terminant, que le Jardin d'Essai du Hamma, qui est en pleine prospérité, sous une intelligente et active direction, est un établissement qui, on ne saurait trop le remarquer, se suffit à lui-même, vivant absolument de ses propres ressources et n'a jamais eu recours à des subventions d'aucune sorte pour se maintenir dans une si excellente situation.

TRAVAUX DÉJA PUBLIÉS

relatifs au Jardin d'Essai du Hamma.

Nous croyons devoir signaler diverses descriptions ou notices antérieurement consacrées au Jardin d'Essai par les hommes les plus autorisés de France et de Belgique dans la science horticole, et à plusieurs desquelles, ainsi qu'on a pu le voir, nous avons fait de nombreux et intéressants emprunts.

En 1869. — *Note sur certains végétaux cultivés au Jardin d'Essai du Hamma, près d'Alger*, par M. A. Rivière, jardinier en chef au Jardin du Luxembourg, Directeur du Jardin d'Essai. (*Journal de la Société Imp. et Centr. d'Horticulture*, 2ᵉ série, t. III, 1869, p. 108-116 et 166-173.)

En 1872. — *Le Jardin d'Essai d'Alger, notes d'un touriste*, par Jean Chalon. (*Belgique horticole*, 1872, p. 200-229.)

En 1880. — *Notice sur le Jardin d'Essai ou du Hamma, près d'Alger*, par M. P. Duchartre. (*Journal de la Société Centrale d'Horticulture de France*, 8ᵉ série, t. II, 1880, p. 290-300 et 368-382.

En 1881. — *Note sur l'Horticulture en Algérie*, par V.-Ch. Joly (*Journal de la Société Centrale d'Horticulture de France*, 3ᵉ série, t. III, 1881, p. 261-271.)

Bordeaux. — Imp. COUSSAU & COUSTALAT, rue Gouvion, 20.

TABLE